Marcelo Duarte

O Guia dos Curiosinhos

SUPER-HERÓIS

3ª edição
3ª impressão

Ilustrações
Fabio Moon e Gabriel Bá
Marcello Araujo

PANDA BOOKS

Diretor editorial
Marcelo Duarte

Diretora comercial
Patth Pachas

Diretora de projetos especiais
Tatiana Fulas

Coordenadora editorial
Vanessa Sayuri Sawada

Assistente editorial
Olívia Tavares

Projeto gráfico e diagramação
A+ Comunicação

Colaboração
Ana Paula Corradini

Revisão
Cristiane Goulart
Daniela Bessa Puccini
Telma Baeza Gonçalves Dias

Impressão
Mundial

Dados Internacionais de Catalogação da Publicação (CIP)
(Câmara Brasileira do Livro, SP, Brasil)

3ª ed.
Duarte Marcelo
O guia dos curiosinhos: super-heróis/ Marcelo Duarte – 3ª ed. – São Paulo: Panda Books, 2011. 80 pp.

1. Heróis – Literatura infantojuvenil. 2. Curiosidades e maravilhas – Literatura infantojuvenil.

05-4036 CDD 398.352
CDU 398.22

2020

Um selo da Editora Original Ltda.
Rua Henrique Schaumann, 286, cj. 41
05413-010 – São Paulo – SP
Tel./Fax: (11) 3088-8444
edoriginal@pandabooks.com.br
www.pandabooks.com.br
Visite nossa página no Facebook, Instagram e Twitter.

✶ SUMÁRIO ✶

TEC TEC
TEC
TEC
TEC
TEC
TEC
FÁBIO C
2006

Quem é que nunca se imaginou na pele de um super-herói, por favor, levante a mão! É, sempre tem um desmancha-prazeres. Você aí que levantou a mão pode abaixá-la agora. O papo não é com você. É com quem já se transformou em super-herói na imaginação, nos sonhos. Quem já desejou ter um chute ultra-potente para vencer no futebol, usar um cinto de invisibilidade para sumir quando a mãe quiser saber quem quebrou aquele vaso chinês do século XVIII ou contar com uma visão de raio X para enxergar as respostas da lição no livro da professora? Gostaram da ideia? Tudo isso é muito legal, mas o mais importante é que os super-heróis enfrentam monstros e defendem a Terra. Entrar para essa turma não é tão difícil assim. Basta seguir algumas regras básicas. Preparado? Então, é hora de se transformar.

1

A personalidade de um super-herói

Agora que você resolveu se tornar um super-herói de verdade, é bom escolher um estilo. Claro, um super-herói precisa ser diferente dos demais seres humanos. Pode ter uma máscara, uma capa ou o poder de metamorfose de um bicho forte e poderoso.

Antes de se decidir, porém, é bom você conhecer os mocinhos mais antigos e famosos. Não convém ficar repetindo as características de outros super-heróis. Já imaginou o vexame de sair vestido de morcego ou todo pintado de verde, com as roupas rasgadas?

✶ AQUAMAN ✶

Essa mistura de peixe e homem chama-se Arthur Curry e apareceu pela primeira vez em 1940. É filho de um guardião de farol com uma atlante, tornou-se o rei de Atlantis e casou-se com Mera. Mas a morte do filho deles fez Mera enlouquecer e Aquaman deixou Atlantis. Virou defensor dos oceanos, mares e rios com a ajuda de peixes e seres marinhos. Aquaman tem o poder de conversar com eles.

Os peixes falam?

Sim. Eles "conversam" ondulando o corpo e soltando bolhas. Os peixes que vivem no fundo do oceano brilham para se comunicar. Uns se iluminam para assustar seus predadores e outros para saudar os amigos.

Não confunda Aquaman com Namor

Namor, príncipe do mundo submarino de Atlântida, apareceu na superfície para proteger seu povo dos humanos. Ele é filho de uma atlante e de um explorador chamado Leonard McKenzie.

✶ BATMAN ✶

O cartunista Bob Kane criou o herói Batman em 1939 para a revista Detective Comics. Batman, que no Brasil também era chamado de Homem-Morcego, forma, ao lado de seu pupilo Robin, a Dupla Dinâmica. A famosa série de TV estrelada por Adam West e Burt Ward foi produzida entre 1966 e 1968.

Você sabia que... ... em inglês, Robin é também o nome de um passarinho?

O pássaro se chama pintarroxo – mas, se eu fosse o ajudante do Homem-Morcego, não ia querer meu nome traduzido, não. Em 1987, ele se cansou de ser só um coadjuvante nas historinhas do Batman e partiu para a carreira solo com um nome muito mais dramático: Asa Noturna.

Morcego!

Os morcegos são os únicos mamíferos que sabem voar.
Ao contrário do que muita gente pensa, esses bichos não são cegos: eles só ficam meio ceguetas em locais com pouca iluminação.
E você sabia que eles usam o nariz para "enxergar" melhor?
É que o nariz dos morcegos emite uma vibração especial, o ultrassom, que bate nos objetos e volta na direção do bicho, indicando que existe um obstáculo no caminho e que o morcego tem que desviar para não dar de cara com alguma coisa.

✶ CYBORG ✶

Steve Austin era piloto de avião. Numa missão, seu jato se espatifou e ele acabou sendo salvo por uma cirurgia em que recebeu um olho biônico, um braço mecânico e duas pernas também mecânicas muito poderosas. Total da reforma: 6 milhões de dólares.

> Houve também uma Mulher Biônica. A ex-tenista Jamie Sommers sofreu um acidente numa queda de paraquedas. Ganhou novas pernas, um braço direito biônico e uma superaudição no ouvido direito.

✶ DICK TRACY ✶

O detetive criado por Chester Gould, em 1931, decidiu combater o crime depois que o pai de sua namorada foi assassinado. Dick é diminutivo de Richard. Gould inventou técnicas de investigação e solução de crimes que depois foram usadas pela polícia de verdade. Foi dele a ideia de analisar e comparar impressões digitais e sangue. O criador de Dick Tracy inspirou o rádio de pulso, técnicas de balística e a identificação de criminosos com a testemunha protegida.

De olho nas impressões digitais

Dick Tracy usa o sistema de identificação de um criminoso por meio das impressões digitais. Esse processo chama-se datiloscopia.
As impressões digitais formam-se de seis a oito semanas antes do nascimento. Elas são sempre diferentes: duas pessoas nunca têm impressões iguais. Se você duvida, faça o teste com seus amigos.

✶ FANTASMA ✶

É um herói que usa uma máscara negra e veste uma malha vermelha bem justa. A missão de justiça do Fantasma foi passando de pai para filho desde o século XVI. Depois de sobreviver a um naufrágio no golfo de Bengala, ele jurou combater a pirataria e defender a floresta contra seus inimigos. O Fantasma vive acompanhado do cão Capeto e, às vezes, é ajudado pela tribo de pigmeus negros Bandar. Foi criado por Lee Falk em 1936.

✶ HOMEM-ARANHA ✶

O estudante Peter Parker assistia a uma aula de ciências quando foi picado por uma aranha radioativa. A mordida transmitiu para o rapaz a capacidade dos aracnídeos de subir pelas paredes. Peter Parker virou o Homem-Aranha. Ainda novo no combate ao crime, deixou escapar um ladrão. Dias depois, esse bandido matou o tio de Peter, Ben, que o criara com a esposa, May. O herói escala prédios, lança teias sobre os inimigos e dá saltos de um edifício a outro. Ah, ninguém sabe do que é feita a teia do Homem-Aranha, só ele!

Você sabia que... ... nem todos os 40 mil tipos de aranhas fazem teias? A tarântula é uma que não faz. Mas as aranhas que fazem podem tecer teias simples ou elaboradas. Nelas, as aranhas capturam insetos, seu alimento. Uma teia adequada pode levar horas para ficar pronta.

Como é que a aranha fabrica sua teia?

A aranha começa a fabricar sua teia jogando um pouco de fio ao vento. O fio de seda vem de glândulas do abdômen da aranha. Glândulas diferentes produzem diferentes tipos de seda. A aranha pode combinar vários deles para conseguir o fio que deseja. A seda voa e se agarra a um objeto próximo, um galho, por exemplo. Assim, ela pode escalar o fio e depositar uma camada mais grossa de seda ao longo dele. Depois de pronto o contorno da teia, a aranha vai puxando fios e juntando-os ao centro, formando raios, como os de uma roda de bicicleta.

O pai dos heróis

A inspiração de Stan Lee (pseudônimo de Stanley Lieber) para criar um garoto com as habilidades de uma aranha veio de The Spider (O Aranha), personagem de um gibi que Lee costumava ler quando era criança. Mas o herói dessa revistinha era muito diferente de Peter Parker: ele era todo durão, usava um anel com o desenho de uma aranha e, quando enchia os inimigos de socos, deixava a marca da aranha na cara deles.

Além do Homem-Aranha, Stan Lee criou também Thor, Hulk, Homem de Ferro, Surfista Prateado e Quarteto Fantástico.

✶ JAMES BOND ✶

O espião inglês James Bond também é chamado de 007. Apareceu pela primeira vez no livro *Cassino Royale*, do escritor Iam Fleming, em 1953. Os dois zeros no seu número significam que ele pode atirar para matar quando estiver a serviço da rainha da Inglaterra.

✶ JIM DAS SELVAS ✶

É um explorador do continente asiático que enfrenta traficantes de marfim, as presas do elefante. Foi criado por Alex Raymond, o mesmo desenhista de Flash Gordon, em 1934. O fiel ajudante, Kolu, e a bela Xangai Lil o acompanham. Não é só Tarzan que tem uma amiga macaca. Jim das Selvas anda para cima e para baixo com a chimpanzé fêmea Tamba.

As presas dos elefantes têm em média um metro (podem chegar a três metros) e pesam cem quilos cada uma.

✶ MANDRAKE ✶

A ideia surgiu em 1934, também da cabeça de Lee Falk, que se inspirou nos mágicos de circo de sua infância e no livro *A mandrágora*, de Maquiavel. Os desenhos eram de Phil Davis. O herói de casaca e cartola usava o hipnotismo para derrotar seus inimigos. Contava com a ajuda de Lothar, rei de uma distante tribo africana, e da princesa Narda, noiva de Mandrake.

O que é mandrágora?

É uma planta que foi muito usada em feitiçaria na Antiguidade e na Idade Média.

Você sabia que...

... o rosto de Mandrake é inspirado no de Lee Falk, seu criador?

✶ POPEYE ✶

O marinheiro briguento apareceu pela primeira vez em 17 de janeiro de 1929 numa tira de um jornal de Nova York. Foi criado por Elzie Crisler Segar e é considerado o primeiro super-herói da história. Sua superforça vem de uma lata de espinafre que sempre surge nos momentos de aperto. Ele disputa o amor de Olívia Palito com o brutamontes Brutus.

Comer espinafre faz alguém ficar tão forte assim?

O marinheiro Popeye foi usado na década de 1930 numa campanha dos médicos para as crianças comerem mais alimentos ricos em ferro. Aí é que o personagem começou a devorar latas e latas de espinafre.

E daí?
Olívia Palito pesa 43 quilos.

✶ ROBIN HOOD ✶

É aquele que tira dos ricos para dar aos pobres. Robin Hood, um herói inglês, viveu no fim do século XII. Suas histórias foram mencionadas pela primeira vez num livro em 1337. As terras pertenciam aos senhores feudais, que maltratavam os camponeses. Robin Hood se refugia na floresta de Sherwood, acompanhado de seu bando, para fazer justiça. É invencível com o arco e flecha.

✶ SPIRIT ✶

Will Eisner o criou em 1940. Ele é um detetive bastante diferente. Vítima de uma explosão, o criminologista Denny Colt foi considerado morto. Acabou enterrado num cemitério. Mas tudo não passara de um plano. Seu túmulo, na verdade, virou um esconderijo secreto, de onde ele sai para perseguir os vilões.

✶ SUPER-HOMEM ✶

– Mais rápido que uma bala!
– Mais poderoso que uma locomotiva!
– Veja! Lá no céu!
– É um pássaro?
– É um avião?
– Não, é o Super-Homem.

Ele surgiu em 1934, e foi criado por Jerry Siegel, que escrevia o texto das histórias, e por Joe Shuster, que fazia os desenhos. Siegel imaginou o personagem numa noite de insônia, depois de sua festa de formatura. Os dois venderam os direitos autorais do Super-Homem à DC Comics por míseros 130 dólares, e o Super-Homem foi lançado comercialmente em junho de 1938 na revista *Action Comics*, nº 1. O herói, também chamado Homem de Aço, veio do planeta Krypton. O cientista Jor-El anunciou a iminente explosão do planeta, mas foi ignorado pelos governantes de Krypton. Por isso, preparou uma pequena nave para levar seu filho de dois anos, Kal-El, a outro planeta.

O bebê aterrissa na cidade americana de Pequenópolis e é encontrado por um casal de idosos sem filhos, Jonathan e Martha Kent, que decide adotá-lo. O sol amarelo da Terra (em Krypton, ele é vermelho) dá superpoderes ao garoto, como a visão de raio X e uma força ilimitada. Antes de aprender a voar, o

Super-Homem dava saltos enormes: é que em Krypton a força da gravidade é mais poderosa ainda e seus habitantes precisam de mais força nas pernas para conseguir pular. Quando ele chegou na Terra, qualquer saltinho que dava virava um saltão. Entusiasmados com o sucesso, os autores fizeram o herói voar – apenas um de seus superpoderes.

Como funciona o raio X?

Os olhos do Super-Homem emitem feixes de raio X na direção de uma porta. Os raios a atravessam e ele pode ver o que seus inimigos aprontam do outro lado. Somente portas feitas de chumbo detêm o Super-Homem. Bem, a última parte funciona assim mesmo. Chumbo é um bom escudo contra raios X. Mas o raio X do Super-Homem surgiu da imaginação de seus criadores. Olhos não enviam feixes de luz, seja de raio X ou de qualquer outro tipo. Nossos olhos veem a luz de outras fontes, como o sol, quando ela é refletida por um objeto.

Na vida real...

A luz do raio X, invisível para nós, tem muito mais energia que a luz visível. É assim que ela consegue penetrar em portas de madeira – ou pele e músculos. As partículas de luz visível batem na pele e voltam. Mas as partículas de alta energia dos raios X conseguem passar, porque as células da pele são transparentes a elas. Como os ossos são muito mais densos que a pele, em vez de atravessá-los, a maioria das partículas do raio X param quando os encontram. Por meio dos raios X podem-se tirar fotografias dos ossos através da pele, assim como tiramos fotos de um peixe dentro da água.

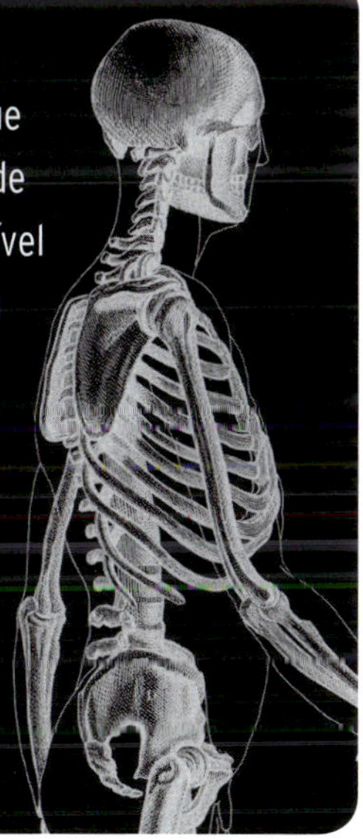

Quando o Super-Homem se troca na cabine telefônica, onde é que ele deixa a roupa?
Até parece mágica: Clark Kent entra de terno, chapéu e óculos, e sai como o Super-Homem! Pra onde foi toda aquela roupa? Na verdade, tudo fica guardadinho – até a carteira de Clark – em uma bolsa especial na capa do Super-Homem, bem atrás do S. Antes de guardar as roupas lá, o Super-Homem as supercomprime. Será que fica tudo amassado?

✶ SURFISTA PRATEADO ✶

Norrin Radd veio do planeta Zenn-La, em combate com Galactus, o terrível Devorador de Mundos (ele tira a energia dos planetas por onde passa). Galactus escolheu a Terra como próxima refeição. Surgiu em 1966.

Pegue uma onda!

Um havaiano chamado Duke Kahanamoku foi o responsável pela popularização do surfe no mundo, apesar de antigos reis do Havaí já deslizarem em ondas muitos séculos antes. Ao descobrir o Havaí, em 1778, o capitão James Cook viu nativos surfando.

No Brasil, as primeiras pranchas de surfe que apareceram foram chamadas de "tábuas havaianas" e pesavam oitenta quilos.

✶ TARTARUGAS NINJAS ✶

Em 1983, Kevin Eastman e Peter Laird começaram a imaginar um quarteto para satirizar os supertimes de heróis, como X-Men e Quarteto Fantástico. Imaginaram tartarugas mutantes, praticantes de artes marciais e devoradoras de pizzas. As Tartarugas Ninjas, comandadas pelo rato Splinter, se transformaram num sucesso imediato. Elas contam também com a ajuda da repórter April O'Neil. Passaram quatro anos como heróis de gibis preto e branco e depois saltaram para os desenhos animados e para o cinema.

Heróis de casca e espada

A casca das tartarugas, dura como osso, é o resultado do engrossamento da sua própria pele. Elas não saem dali. Só conseguem pôr a cabeça e as patas para fora. Com tanto peso nas costas, as grandes tartarugas desenvolvem apenas a velocidade de 250 metros por hora!

✶ TARZAN ✶

O rei das selvas apareceu em 1914, e foi bolado pelo escritor norte-americano Edgar Rice Burroughs, que nunca pôs os pés na selva. Tarzan era filho de nobres ingleses, John e Alice Clayton, que foram assassinados por guias nativos na costa da África Equatorial. Foi educado por uma macaca chamada Kala. Casou-se com Jane (filha de um professor americano) e tiveram um filho chamado Korak. No cinema, o nome do menino era Boy. Já nos romances, ele se chamava Jack, que os macacos não conseguiam pronunciar e diziam "Korak".

Somente no cinema a macaca de Tarzan era chamada Chita. Nos livros e nos desenhos animados seu nome era Nikima.

A marca registrada de Tarzan é seu grito possante. É fácil aprender. Você conhece as vogais: A, E, I, O, U. Pois só precisará das duas últimas. Vá juntando um O com um U. Depois é só gritar tudo de uma vez só. Assim:

Você sabia que...

... na língua dos macacos, Tarzan significa "pele branca"? Pois agora já sabe!

E daí?

Ao morrer, em 1950, Edgar Rice Burroughs foi enterrado numa cidade do estado da Califórnia chamada Tarzana.

✶ THOR ✶

Thor, lendário deus do Trovão, é o guerreiro mais poderoso de toda a mitologia. O personagem foi criado em 1962. Filho de Odin, o rei dos deuses de Asgard, ele usa como arma o martelo mágico Mjolnir. Um minuto depois de soltar o martelo, Thor volta a se transformar no dr. Don Blake, sua identidade secreta. O pior inimigo dele é seu meio-irmão, Loki.

O que está escrito no martelo de Thor?
"Quem empunhar este martelo, se for digno, terá o poder de Thor." Segundo a lenda, o martelo é tão pesado que só o poderoso Thor consegue erguê-lo.

✶ ZORRO ✶

Don Diego de la Vega é um fidalgo aparentemente tímido e medroso. Quando se transforma no cavaleiro de capa preta e espada, porém, defende os pobres e injustiçados. Por onde passa, deixa a sua marca registrada: a letra Z. O personagem foi criado pelo escritor norte-americano Johnston McCulley no romance *A maldição de Capistrano*. Mas foi no cinema e depois na TV que o herói fez sucesso.
Claro que esta lista de super-heróis poderia ser bem maior. Mas se continuarmos falando de todos, vai começar a escurecer e a sua mãe vai chamá-lo para o jantar (ainda bem que ela ainda não resolveu preparar creme de espinafre à moda do Popeye!). E já está mais do que na hora de você começar a se transformar em um. Vamos lá?

2

A identidade secreta

Quem é mesmo aquele rapaz apressado que entra numa cabine telefônica de terno e gravata e sai com uma roupa azul e uma capa vermelha? Ninguém sabe. Identidade secreta é isso. Ninguém pode saber que você é um super-herói. Nem pense, portanto, em contar para a sua irmã. Ela pode sair espalhando por aí, para um bando de amigas fofoqueiras, e adeus. Vamos revelar algumas identidades secretas, mas isso deve ficar apenas aqui entre nós, combinado?

Herói	RG
Aquaman	Arthur Curry
Batgirl	Barbara Gordon
Batman	Bruce Wayne
Capitão Marvel	Billy Batson
Demolidor	Matt Murdock
El Cabong	Pepe Legal
Falcão Azul	Radley Crown
He-Man	Príncipe Adam
Homem-Aranha	Peter Parker
Homem de Ferro	Tony Stark
Hulk	Bruce Banner (na TV, David Banner)
Lanterna Verde	Hal Jordan
Morcego Verde	Zé Carioca
Mulher Invisível	Susan Storm
Mulher-Maravilha	Diana Prince
O Máskara	Stanley Ipkiss
Robin	Dick Grayson
Robocop	Alex Murphy
Rocketeer	Cliff Secord
She-Ra	Princesa Adora
Spawn	Al Simmons
Spirit	Denny Colt
Super-Homem	Clark Kent
Superpato	Pato Donald
Surfista Prateado	Norrin Radd
Tarzan	John Clayton (Lord Greystoke)
The Flash	Barry Allen
Thor	Don Blake
Ultra Seven	Dan Moroboshi
Wolverine	Logan
Zorro	Don Diego de la Vega

✶ COMO ELES SE TORNARAM HERÓIS ✶

Se um dia vierem lhe perguntar por que você se tornou um super-herói, não vá dizer simplesmente: "Copiei a ideia de um livro". Convenhamos: seria uma explicação muito sem graça. Super-herói precisa ter uma história incrível para contar. Um exemplo: você estava preparando pipoca no micro-ondas, numa tarde de muita chuva. Uma nave de outra galáxia, perdida pela Terra, pousa no *playground* de seu prédio, descarregando uma onda de energia que afeta todos os aparelhos elétricos. Ao abrir o micro-ondas, você recebe aquela irradiação e ganha superpoderes. Sensacional! O Superpopcorn, por exemplo, pode dar saltos espetaculares. Nenhum outro super-herói tem uma história tão interessante quanto a sua. Veja só...

O milionário Oliver Queen tomou um porre, caiu de seu iate e foi parar numa ilha deserta. Para sobreviver, teve que aprender a usar arco e flecha. Quando volta para a cidade grande, transforma-se no Arqueiro Verde e começa a combater o crime.

Você sabia que... ... no Brasil, o Super-Homem apareceu pela primeira vez em 1940, na revista *Lobinho*? O repórter Clark Kent ganhou na tradução em português o nome de Edu e sua namorada Lois Lane, o de Míriam Lane.

Ao voltar da Guerra do Vietnã, tendo sido condecorado oito vezes por bravura, o fuzileiro naval Frank Castle, junto com sua família, testemunhou acidentalmente um assassinato cometido por uma gangue. A mulher e os dois filhos acabaram também sendo mortos pelo bando de marginais. Revoltado, Frank resolveu se transformar no Justiceiro (The Punisher, no original).

O pesquisador Reinstein convidou Steve Rogers, um adolescente franzino, reprovado pelo exército, para ser sua cobaia em uma experiência. Aplicou um soro no rapaz, desenvolvendo sua musculatura, sua coragem e seu patriotismo. Foi assim que nasceu o Capitão América.

Quem formou o grupo X-Men foi o cientista Charles Xavier, um dos primeiros seres mutantes a aparecer na Terra. Ele reuniu numa escola jovens que nasceram com um potencial genético superior ao dos seres humanos. É por isso que eles possuem poderes especiais. A cada ano, as aventuras mostram a morte de alguns X-Men e o surgimento de outros. Já foram criados cerca de duzentos personagens. Os cinco primeiros X-Men foram Ciclope (Scott "Slim" Summers), Fera (Henry "Hank" McCoy), Anjo (Warren Worthington), Homem de Gelo (Robert Drake) e Moça-Maravilha (Jean Grey).

Em 1974, o personagem Wolverine surgiu destruindo tudo o que estivesse por perto com garras de um metal chamado adamantium que saem de seus pulsos. Possui também um fator mutante de cura, responsável pela rápida regeneração de qualquer ferimento que sofra.

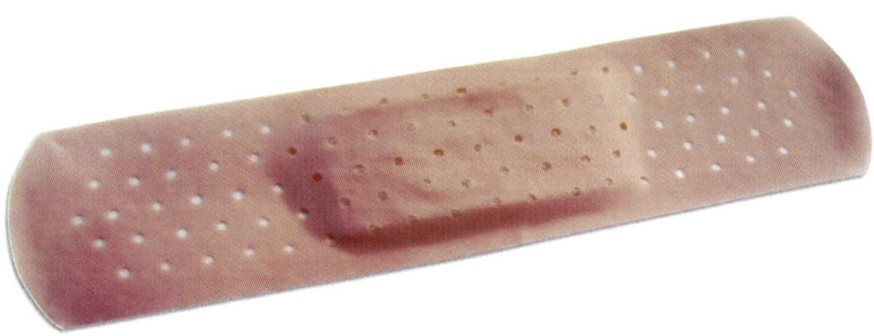

Você sabia que... ... Wolverine é o nome de um animal selvagem, semelhante ao texugo, que vive nas florestas dos Estados Unidos e do Canadá? Ele é conhecido por sua voracidade.

- Durante uma perigosa experiência, os membros do grupo Quarteto Fantástico foram atingidos por raios cósmicos.

- Vítima de um acidente aéreo, o jovem desportista Flash Gordon caiu de paraquedas próximo ao laboratório do dr. Zarkov, um eminente pesquisador. Zarkov levou o herói para o planeta Mongo, contra a sua vontade, junto com Dale Arden, a aeromoça do avião. O planeta Mongo ameaçava invadir a Terra.

A realidade copia a ficção

No início do programa espacial, os cientistas da NASA conseguiram resolver diversos problemas graças às coleções de velhos quadrinhos de Flash Gordon. Diante de situações que pareciam insolúveis, eles encontravam saídas tornando realidade os desenhos de Alex Raymond. A Força Aérea Americana estudava também, nos traços de Raymond, a aerodinâmica que viria a ser utilizada pelos aviões a jato e por naves espaciais.

Al Simmons era um agente do serviço secreto americano que fazia o serviço sujo. Até que caiu em desgraça com seus chefes e foi assassinado durante uma missão. Por todos os assassinatos que cometera em sua vida, Simmons estava destinado a ir para o inferno. Mas ele fez um pacto com o demônio e voltou à Terra como o herói Spawn, um ser apavorante, forte e invulnerável. Desfigurado fisicamente, Spawn usa capa, máscara e correntes para enfrentar criaturas vindas do inferno e tentar conseguir sua redenção.

No então longínquo ano de 1987, a nave do capitão Buck, astronauta da NASA, sofre um acidente. Buck Rogers volta a si no ano de 2491, num mundo totalmente mudado, e é obrigado a enfrentar criaturas demoníacas.

Um raio entrou no laboratório do cientista Barry Allen e lhe deu um banho com um misterioso preparado químico. Ele se transformou em The Flash, o homem mais rápido do mundo. De tão rápido, parece invisível, já que os olhos humanos não conseguem acompanhar a sua velocidade. The Flash pode também voltar no tempo, desde que ultrapasse a velocidade da luz.

Você sabia que... ... em 1929, quarenta anos antes de o homem pisar na Lua, Tintin, herói criado pelo belga Hergé, seguiu para o nosso satélite em um foguete caseiro?

O garoto Mitsuo foi recrutado por um alienígena com jeitão de humano e se tornou um herói. Acompanhado pelo macaquinho Bobby, Mitsuo conta com um capacete de força, uma capa para voar e um transmissor para se comunicar com os outros dínamos. Como não pode revelar sua identidade secreta, tem todos os problemas de uma criança comum, como fazer a lição de casa.

Pateta não passava de um cachorro falante meio bocó, mas quando comia os superamendoins, se transformava em Superpateta. O herói voava pelos céus de Patópolis para combater o crime vestido com um ceroulão vermelho. Um supermico!

A vida de Ralph William Dibny mudou para sempre quando viu, pela primeira vez, um contorcionista se apresentar numa feira de sua cidade. Ele descobriu que o artista conseguia se dobrar daquele jeito ao tomar Gingold, uma bebida feita com uma fruta super-rara, a Gringo. Ralph quis experimentar o suquinho também, mas exagerou na dose e acabou se transformando no Homem Elástico. Ah, essa fruta não existe de verdade, viu?

Quando a feiticeira Rita Repulsa decidiu dominar a Terra com seus monstros, o misterioso Zordon selecionou um grupo de adolescentes para defender o planeta. Zordon deu a eles superpoderes, uniformes, armas e robôs gigantescos. Surgiram os Power Rangers.

Durante uma experiência em que tentava comprovar que as pessoas ficam mais fortes em situações de perigo, depois da morte de sua mulher num acidente de carro, o cientista David Bruce Banner se expôs a uma dose excessiva de raios gama. A *overdose* causou estranhas mudanças em seu organismo. Quando fica nervoso, ele se transforma no Hulk, uma criatura verde com uma força descomunal. Ao relaxar, o processo de metamorfose se inverte e ele volta a ser o dr. Banner.

Você sabia que... ... a cor do Hulk já foi cinza? Ele bem que tentou ficar "cinza de raiva" mas, na época em que o gigantão foi criado, a qualidade da impressão das revistinhas não era lá essas coisas e, em vez de cinza, o Hulk sempre saía preto e borrado. É por isso que mudaram a cor dele para verde.

✶ AS FAMÍLIAS ✶

Batman e Robin são órfãos. Bruce Wayne viu os pais serem assassinados quando tinha dez anos. Prometeu se vingar dessas mortes dedicando sua vida no combate ao crime em Gotham City. Foi criado por Alfred Pennyworth, o mordomo da família, e por uma tia, Harriet Cooper.

Batman surgiu quando Bruce Wayne tinha 24 anos. No filme *Batman Eternamente*, os pais de Robin eram trapezistas de um circo e foram assassinados pelo Duas-Caras. Bruce Wayne ficou com a guarda do jovem, contou-lhe o seu segredo e os dois passaram a trabalhar juntos.

E daí?
A mãe do Super-Homem em Krypton chamava-se Lara.

O dr. Benton Quest, pai de Jonny, era um cientista a serviço do governo americano que acabou se envolvendo em caçadas a espiões orientais, velhos nazistas, monstros e loucos em geral. O personagem foi baseado no pesquisador francês Jacques Cousteau.

A família de Os Incríveis precisa esconder seus superpoderes quando os heróis começam a ser perseguidos e processados. O pai, o Senhor Incrível, chama-se Beto Pera. Ele é casado com Helena, a Mulher-Elástica. Têm três filhos: Violeta, Roberto Flecha e Zezé.

3

Onde eles vivem

Por mais poderoso que seja, apenas um super-herói não dá conta do mundo inteiro. Imagine só a loucura que ia ser. Por isso, cada um atua em determinada área. Você já escolheu o seu pedaço? Só não vale tomar conta de uma região que já têm seus heróis efetivos.

Herói	Cidade
Batman	Gotham City
Falcão Azul e Bionicão	Cidadópolis
He-Man	Eternia
Homem-Aranha	Nova York
Juiz Dredd	Mega City
O Máskara	Edge City
Meninas Superpoderosas	Townsville
Morcego Verde	Vila Xurupita
Morcego Vermelho	Patópolis
Power Rangers	Alameda dos Anjos
Robocop	Delta City
Super-Homem	Metrópolis
Swat Cats	Mega Cat City
The Flash	Keystone City
The Tick	The City
Thor	Asgard

Vale lembrar que alguns heróis não se dariam bem em certos lugares. Já imaginou o Aquaman no deserto do Saara? E o Tocha Humana numa região muito chuvosa? O Hulk no meio da torcida do Corinthians ia provocar a maior confusão...

Você sabia que... ... os integrantes do X Men moram na mansão de Charles Xavier, em Graymalkin Lane, 1407, na cidade de Salem Center, estado de Nova York, nos Estados Unidos?

E daí?

O nome do prefeito de Gotham City era John Lindseed.

Nenhum país é tão protegido quanto o Japão. Parece que todos os monstros mal-encarados resolveram baixar por lá, daí tantos super-heróis.

✶ NATIONAL KID ✶

O herói vindo de Alfa Centauro foi criado em 1960 pelo desenhista Daiji Kazumini. O professor Massao Hata é a identidade secreta de National Kid, e seus principais inimigos são os Incas Venusianos. No Brasil, a TV Record exibiu o seriado de 1966 a 1969. Em 1993, alguns episódios foram lançados em vídeo.

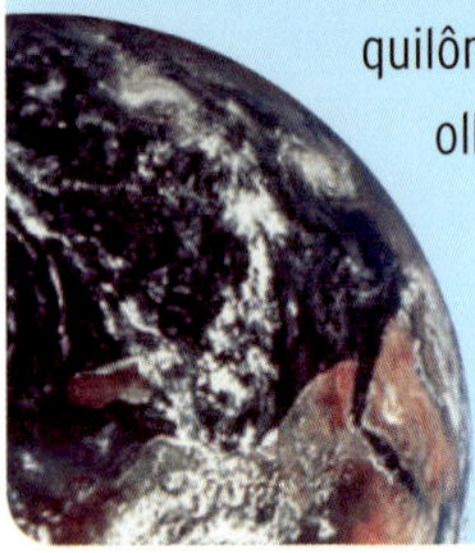

Vênus é chamado de planeta gêmeo da Terra pois ambos se parecem em tamanho. Fica a 40 milhões de quilômetros do nosso planeta e é visível a olho nu ao entardecer ou ao amanhecer. O ar que o envolve é irrespirável, e por causa da densa atmosfera do planeta a temperatura lá é de 462 graus! Se resolver combater os bandidos em Vênus, não se esqueça do bronzeador!

✶ ASTROBOY ✶

Astro parece um menino normal, mas é o robô mais moderno do mundo. Criado pelo dr. Tenma, ele tem um cérebro artificial superavançado e, por isso, é capaz de pensar como um ser humano. Ele é muito forte e também consegue voar. O problema é que seu criador se arrependeu depois que inventou Astro e até criou um inimigo para o "filho": outro robô chamado Atlas.

✶ DRAGON BALL Z ✶

Goku, um poderoso guerreiro Super Saiyan, e os outros guerreiros Z protegem a Terra contra vilões sedentos de sangue que querem dominar o Universo. O tal do Dragon Ball do título do desenho é o nome de sete objetos místicos e superpoderosos, as Dragon Balls, que não podem cair em mãos erradas.

✶ JASPION ✶

Para derrotar Satã Goss, Jaspion contava com a ajuda de Mac Garen e também de um robô, o Gigante Guerreiro Daileon.

✶ JIRAYA ✶

Tudo começa porque famílias de ninjas querem um mapa que leva a um tesouro alienígena escondido na Terra. Aí já viu, né? É a maior pancadaria e Jiraya não pode deixar que o mapa caia no domínio de inimigos como a Família de Feiticeiros.

✶ ULTRAMAN E ULTRA SEVEN ✶

Muita gente confunde os dois (é como diferenciar um camelo de um dromedário... Parecem iguais, mas não são).
Criado em 1966, Ultraman vem para a Terra atrás de um alienígena fugitivo. Só que acaba derrubando o avião pilotado pelo agente Hayata, da Patrulha Científica. Para salvar a vida de Hayata, Ultraman se une ao agente. Assim, os dois passam a ser um só. Hayata usava a Cápsula Beta para a transformação.
Em Ultra Seven, de 1967, um guerreiro vindo da Nebulosa M78 se disfarça de ser humano e assume o nome de Dan Moroboshi. Torna-se um dos oficiais do Esquadrão Ultra para defender a Terra contra invasores espaciais.

4

O disfarce

O passo seguinte é encontrar um bom disfarce. Que tal procurar alguma roupa velha no baú de seu avô? Pense numa coisa prática, que você possa vestir em qualquer lugar. Pode ser num parque, num orelhão (as cabines telefônicas estão sempre ocupadas), num ponto de ônibus ou na casinha de seu cachorro.

O traje do Fantasma é vermelho apenas no Brasil. A culpa foi de problemas de impressão na revista em que o herói estreou, nos anos 1950. No resto do mundo, a roupa do Fantasma é azul-arroxeada.

Batman trocou seu visual cinzento por um tipo de armadura azul-escuro.

Para se transformar no Homem de Ferro, o jovem empresário Tony Stark fabricou uma superarmadura de metal maleável, com visor infravermelho, computador interno, mira a laser e outras parafernálias. Será que tem um abridor de latas para qualquer emergência?

Hulk não tem disfarce nenhum. Não seria bom que tivesse, para não ser obrigado a comprar uma quantidade inesgotável de calças jeans e camisas de flanela? É que toda vez que o cientista David Bruce Banner inicia o processo de transformação, suas roupas se rasgam.

Os mascarados

Será que os super-heróis usam máscaras só para esconder sua verdadeira identidade? A resposta é não. Elas têm também um outro significado. Nas culturas primitivas, a máscara tinha sentido simbólico e era usada em rituais religiosos. Usar uma máscara significava assumir a natureza de um deus ou espírito. Foi no teatro da Antiguidade que a máscara perdeu seu sentido religioso. A máscara cômica e a máscara trágica formam o símbolo do teatro.

FÁBIO C
2006

✶ OS MEIOS DE TRANSPORTE ✶

Você já viu super-herói andando de ônibus? Claro que não. Já imaginou se a sua capa fica presa na roleta? Se o ônibus parar em todos os pontos, é bem capaz de você não chegar a tempo de salvar a mocinha.

Ninguém é mais equipado que Batman. Além do batmóvel, ele conta com uma bat-lancha, um batcóptero e uma batmoto. No seriado de TV, o batmóvel teve quatro placas diferentes: 2F-3567, TP-6597, BAT-1 e 2EF-456.

O carro do Besouro Verde chama-se Beleza Negra.

A Mulher-Maravilha voa em seu avião invisível, que atinge a velocidade de 5 mil quilômetros por hora — cinco vezes mais rápido que um Boeing 747. Ela chama seu avião por telepatia.

Rocketeer, personagem criado em 1982 por Dave Stevens, voa usando um foguete propulsor Cirrus X-E colocado nas costas.

O Vigilante Rodoviário patrulhava as estradas a bordo de uma motoca Harley Davidson ou de um carrão amarelo e preto, o Simca Chambord.

Zords são os nomes das naves dos Power Rangers.

5

O grito de guerra

Os super-heróis costumam dizer uma ou mais palavras mágicas no momento de sua transformação ou na hora de enfrentar o perigo. Algo simples e bem sonoro. Já vamos avisando que um candidato foi reprovado no curso de super-herói por ter usado "perereca" como palavra mágica. Afinal, ninguém iria levá-lo muito a sério.

Herói	Grito
As Tartarugas Ninjas	Cowabunga
Buzz Lightyear	Ao infinito e além!
Capitão Furacão	Sempre alerta e obediente
Capitão Marvel	Shazam
Chapolin Colorado	Não contavam com minha astúcia!
Centurions	Força extrema
Coisa	Tá na hora do pau
Conan	Por Crom! Sangue de Mitra
Frankenstein Jr.	Alakazam
He-Man	Pelos poderes de Greyskull, eu tenho a força
Hulk	Hulk esmaga
Namor	Imperius Rex
Os Impossíveis	Vamos nós / Lá vamos nós
Os Três Mosqueteiros	Um por todos e todos por um
She-Ra	Pela honra de Greyskull
Super-Homem	Para o alto e avante! Isto é um trabalho para o Super-Homem
Thor	Poderoso Odin
Tocha Humana	Em chamas

✶ PERGUNTAS CURIOSAS ✶

O que quer dizer SHAZAM?
É uma palavra composta com as iniciais dos nomes de seis personagens da mitologia grega: S de Salomão (sabedoria), H de Hércules (força), A de Atlas (vigor), Z de Zeus (poder), outro A de Aquiles (coragem) e M de Mercúrio (velocidade). Gritando a palavra, Billy Batson provocava um trovão e se transformava no Capitão Marvel. Ele recebia seus poderes do mago Shazam, que tinha combatido o mal no planeta por 3 mil anos.

O que é onomatopeia?
É uma palavra que imita um ruído. Onomatopeias eram utilizadas nas histórias em quadrinhos e nos primeiros desenhos animados para suprir a falta de som. A série de TV de Batman se valia desse recurso gráfico para homenagear Bob Kane, o criador dos quadrinhos. E acabaram famosas as 87 onomatopeias usadas nas cenas de briga. Vamos conhecer algumas? *Pow! Zap! Zlonk! Biff! Smash! Awk! Clunk! Bonk! Whammm! Splatt! Zowie! Zamm! Crash! Wapp! Eeeyow!* e *Sock!*

Alguém sabe dizer o que significa Awika?
Essa é a saudação e o grito de guerra dos Incas Venusianos, os principais inimigos do National Kid. Awika é o nome da divindade adorada por eles.

YA-HA!

✶ PROCURA-SE UM EMPREGO ✶

Ninguém pode saber que você é um super-herói. Que tal arrumar um emprego? E daí que você não tem idade?
Note que a profissão de jornalista é a preferida entre os heróis. Clark Kent, o Super-Homem, trabalhava no jornal *O Planeta Diário*, enquanto Peter Parker, o Homem-Aranha, era fotógrafo *freelancer* do *Clarin Diário*. O Besouro Verde era proprietário de *A Sentinela Diária*, Tintin e Peninha (o Morcego Vermelho) também trabalhavam na imprensa.

Herói	Emprego
Batman	Empresário
Buck Rogers	Astronauta
Demolidor	Advogado
Flash	Cientista
Hulk	Cientista
Os Impossíveis	Cantores de rock
Justiceiro	Fuzileiro naval
Lanterna Verde	Piloto de jato
Mulher-Maravilha	Major numa base do Pentágono
Senhor Fantástico	Cientista
Swat Cats	Mecânicos
O Vingador	Ilustrador de livros infantis

E daí?

O chefe de Peter Parker (Homem--Aranha) chama-se J. Jonah Jameson. O editor de Clark Kent (Super-Homem) é Perry White.

6

Mulher também tem vez!

Esqueça essa bobagem que seu irmão mais novo fala de sexo frágil. As mulheres também foram à luta e estão combatendo os vilões. Você não tem notado um comportamento estranho naquela sua priminha que usa maria-chiquinha, saia curta e meia até o joelho? Ela pensa que engana...

✶ BATGIRL ✶

Depois de se formar, Barbara Gordon voltou para Gotham City e arrumou um emprego na Biblioteca Municipal. Decidiu que nas horas vagas ajudaria seu pai, o comissário James Gordon, a combater o crime. Barbara adotou a identidade secreta de Batgirl.

✶ GAROTA MARVEL✶

A atraente ruiva Jean Grey foi convocada para fazer parte do X-Men por ter poderes telepáticos e telecinéticos (consegue movimentar objetos com a força da mente).

✶ LARA CROFT ✶

Mais conhecida como Tomb Raider (ou Caçadora de Tumbas), essa garota durona mais parece a versão feminina do Indiana Jones. Lara Croft é uma arqueóloga inglesa que adora uma aventura e percorre o mundo em busca de tesouros perdidos.

✶ AS MENINAS SUPERPODEROSAS ✶

O professor Utônio estava fazendo uma experiência para criar garotinhas perfeitas. Ele misturou açúcar, temperos e tudo que há de bom no mundo, mas, por engano, acrescentou o Elemento X à mistura, que deu origem a três meninas com superpoderes: Florzinha, a ruiva líder das garotas, Docinho, a morena enfezada, e Lindinha, a loirinha meiga.

✶ MULHER-ARANHA ✶

Jessica Drew, filha de um cientista, foi picada por uma aranha venenosa. Para salvar a vida dela, o pai usou um soro experimental que acabou lhe dando superpoderes, parecidos com os do Homem-Aranha. Foi assim que surgiu a Mulher-Aranha.

✶ MULHER-MARAVILHA ✶

Diana Prince veio de uma ilha onde as mulheres têm a força e a velocidade dos deuses gregos. Aos três anos, ela já arrancava árvores do solo e, aos cinco, ganhava corridas das gazelas. Seus braceletes, cinto, laço e tiara são de feminium, um material que faz as balas disparadas contra ela ricochetearem.

✶ SHE-RA ✶

Adora, a irmã gêmea do príncipe Adam (He-Man), foi raptada quando ainda era bebê. Também tem uma força secreta e se transforma em She-Ra. Com a ajuda do cavalo alado Ventania, ela defende o Reino de Eternia.

✶ SUPERMOÇA ✶

No fim da década de 1950, o Super-Homem descobriu que não era o único sobrevivente da destruição de seu planeta. Sua prima Kara juntou-se a ele e se transformou na Supermoça. Ela usa como identidade secreta o nome de Linda Lee.

As eternas namoradas

Ninguém é de ferro, nem mesmo o super-herói mais fanático. Exceção feita ao Homem de Ferro, bem-explicado. Os super-heróis têm seus momentos de folga. Muitos namoram, mas poucos resolvem se casar.

Namorada	Herói
Borboleta Púrpura	Morcego Vermelho
Dale Arden	Flash Gordon
Diana Palmer	Fantasma
Jane Porter	Tarzan
Lady Dorma	Namor
Lois Lane	Super-Homem
Mary Jane Watson	Homem-Aranha
Princesa Narda	Mandrake
Sonja	Conan
Sue Storm	Reed Richards
Tess Truehart	Dick Tracy
Ulla	Brucutu
Viúva Negra	Demolidor
Wilma Deering	Buck Rogers
Xangai Lil	Jim das Selvas

Dale Arden ficou famosa por já usar uma ousada minissaia em 1934, 33 anos antes de a roupa ser lançada pela figurinista inglesa Mary Quant.

O Homem-Aranha caiu nas teias da modelo Mary Jane Watson e casou-se em 1987. Antes disso, o aracnídeo namorou Betty Leeds, Gwen Stacy (assassinada pelo Duende Verde, arqui-inimigo do Homem-Aranha) e Felicia Hart, a Gata Negra.

Sue Storm (Mulher Invisível) casou-se com Reed Richards (Senhor Fantástico). Ambos fazem parte do Quarteto Fantástico. Antes disso, Namor, o Príncipe Submarino, chegou a arrastar uma escaminha pela Mulher Invisível. Ele a raptou para tentar casar com ela.

Jean Grey (Moça-Maravilha) e Scott Summers (Ciclope), ambos integrantes do X-Men, casaram-se. Antes disso, Warren Worthington, o Anjo, é que dava em cima dela sem parar. Nos novos filmes da série, Wolverine que é apaixonado pela moça.

Ao voltar à Terra, quatro anos depois de morrer, o herói Spawn encontrou a ex-mulher, Wanda Blake, casada com um de seus melhores amigos. Spawn e Wanda tinham tido uma filha chamada Cyan.

A cerimônia do casamento de Fantasma com Diana Palmer aconteceu em 1978, na Floresta Negra, com a presença de Mandrake e dos padrinhos do noivo, os presidentes dos países africanos Bengala e Ivory Lana. Fantasma continua morando em sua caverna e Diana vive numa bela casa e trabalha na sede da ONU (Organização das Nações Unidas). Tiveram filhos gêmeos.

Dick Tracy casouse em 1949 com Tess Truehart. Dois anos depois, tornou-se pai de um menino, Bonny. Já tinha um filho adotivo. Depois de 45 anos de vida em comum, Tess pediu o divórcio, cansada de passar noites sozinha enquanto o marido combatia o crime.

Em 1996, foi a vez de Lois Lane e do Super-Homem juntarem seus trapinhos.

7

O fiel companheiro

Um super-herói precisa de um companheiro para suas aventuras. Não recomendamos um irmão mais novo, pois quando chega em casa ele costuma contar tudo o que você fez para seus pais, e nesse ramo o sigilo é fundamental. A solução pode estar ali, no canto da sala. Veja como ele arrebenta os cordões de seu tênis com aqueles dentões todos! Sim, o cão é o melhor amigo do super-herói. Se não tiver um cão, tente um gato, um hamster, um peixe dourado ou um periquito. Papagaios, nunca. Eles também falam demais!

Companheiro	Animal	Herói
Bandit	Cachorro	Jonny Quest
Blip	Macaco	Space Ghost
Capeto	Cachorro	Fantasma
Dinny	Dinossauro	Brucutu
Gelado	Homem	Senhor Incrível
Herói	Cavalo	Fantasma
Ideiafix	Cachorro	Obelix
Kripto	Cachorro	Super-Homem
Malhado	Gato	Super-Homem
Milo	Cachorro	O Máskara
Milu	Cachorro	Tintin
Pacato	Tigre	He-Man
Rin Tin Tin	Cachorro	Cabo Rusty
Silver	Cavalo	Zorro
Trigger	Cavalo	Roy Rogers
Ventania	Cavalo	She-Ra
O Vingador	Falcão	Homem-Pássaro

Algumas vezes, o bichinho de estimação é que vira o herói. Quer ver só?

✶ LASSIE ✶

Em 1940, Eric Knight escreveu o *best-seller Lassie comes home*. Era a história de uma família pobre que tinha sido obrigada a vender sua amada collie (desculpe contar o final, mas ela acaba voltando). O livro tornou-se um filme de sucesso, estrelado por Roddy McDowall e Elizabeth Taylor, em 1943. Quem fez o papel de Lassie foi um cão, mas ela não foi o único personagem a ser interpretado por um animal do sexo oposto. O golfinho Flipper era uma fêmea chamada Suzy.

✶ RIN TIN TIN ✶

O pastor alemão Rin Tin Tin era o animal de estimação do garoto Rusty, que perdeu os pais num ataque indígena e acabou sendo adotado pelos soldados de um forte apache do Arizona. O primeiro filme foi apresentado em 1922. Depois, nas décadas de 1950 e 1960, virou série de TV. Três cachorros viveram o amigo de Rusty na televisão, dois deles descendentes do primeiro "Rinty", morto em 1932.

Os supercompanheiros

Herói que se preza precisa de um companheiro de trabalho. Alguém para dividir suas preocupações e até para ajudar nas horas difíceis. Você pode ir conferindo esta lista até resolver qual amigo irá convidar para desempenhar o papel de seu companheiro.

Supercompanheiro	Herói
Alfred	Batman
Alpha 5	Power Rangers
April O'Neil	Tartarugas Ninjas
Bernardo	Zorro
Buck Barnes	Capitão América
Kato	Besouro Verde
Kolu	Jim das Selvas
Lothar	Mandrake
Luigi	Super Mario
Moleza	Esquilo sem Grilo

De vez em quando, Alfred se veste de Batman e Bernardo, de Zorro, para confundir os bandidos.

8

Os superpoderes

É com eles que você irá destruir os vilões e seus capangas. Já escolheu a arma que vai usar? Procure pensar em algo mais nobre que o chulé de suas meias depois de um dia inteiro na escola!

O Super-Homem é mesmo super. Tem força para levantar um transatlântico, corre mais que uma locomotiva, enxerga um amigo a quilômetros de distância e derrete metais com o olhar. Ah, não peça a ele que sopre as velinhas de um bolo de aniversário. Vai soprar glacê para todo lado. Com um leve sopro, o Super-Homem consegue apagar um grande incêndio.

Space Ghost conta com o Inviso-Força. Ele pode se tornar invisível a um simples toque no cinto.

Ultra Seven tinha o raio Wide Shot, que é disparado quando ele dispõe os braços em forma de cruz, Atira também uma espécie de lança-bumerangue, a Eye Slugger, que fica sobre sua cabeça. Carrega ainda três cápsulas, que podem chamar monstros ajudantes: Windam, Aguira e Mikras.

Ryu, o carateca de Street Fighter, usa os socos *shoryuken* e *hadouken*, que ele cria concentrando sua energia espiritual. Chun-Li tem o chute giratório batizando de *spinning bird kick*.

O Besouro Verde possuiu uma arma de gás que põe todos os inimigos para dormir.

O besouro é o maior!

Na terra existem mais espécies de besouros do que qualquer outra criatura.

O número chega a 250 mil. As espécies de borboleta não atingem 100 mil.

FABIO C

Um anel dado por um ser alienígena transforma Hal Jordam no Lanterna Verde. Além de fazer o herói voar, o anel projeta um campo de força maleável, que pode assumir a forma de qualquer arma, de acordo com o que a situação exigir.

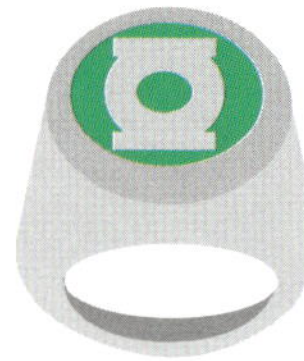

O Capitão América é um dos únicos que não tem superpoderes. Defende-se apenas com um escudo, mas possui uma força humana descomunal, capaz de erguer quase quatrocentos quilos.

Os Power Rangers contam com as "armas do poder": machado do poder (Ranger Preto), lanças do poder (Ranger Azul), arco do poder (Ranger Rosa), espada do poder (Ranger Vermelho), e adagas do poder (Ranger Amarelo).

Você pode ter um supersopro!

Quer ter um supersopro como o do Super-Homem? Arranje um saco plástico e uma pilha de livros. Ponha o saco sobre uma mesa, com a abertura para o lado de fora, e empilhe os livros sobre ele. Mantenha a abertura do saco o mais fechada possível e sopre dentro dele. Sopre bastante. Você verá os livros se erguerem.

Olhe aqui!

É bom não esquecer que os superpoderes devem fazer parte apenas de sua imaginação. Nada de tentar voar, atravessar a parede ou brincar com fogo, certo?

✶ OS PONTOS FRACOS ✶

Para se vender mais gibi, os heróis deixaram de ser totalmente invulneráveis. O Super-Homem chegou a (oh!) chorar num episódio. Alguns morrem... para ressuscitar triunfantes na edição do mês seguinte.

O Super-Homem tem aversão à kriptonita, um minério de seu planeta natal que consegue extrair-lhe as forças. Existem vários tipos de kriptonita, mas a mais perigosa é a verde. Fragmentos dela caem como meteoros sobre a Terra.

O vilão Apocalipse assassinou o Super-Homem em novembro de 1992 usando kriptonita. O herói ressuscitou nove meses depois, com um visual mais jovem.

Duas histórias de pontos fracos

1. Sansão era um herói da Bíblia que tinha uma força descomunal. Certa vez, ele botou para correr mais de mil inimigos. Alguns destes bolaram um plano para prendê-lo. Contrataram uma moça chamada Dalila para conquistar o coração dele e descobrir o segredo de sua força. Numa conversa amorosa, Sansão contou-lhe que sua força estava nos seus cabelos. Certa noite, Dalila raspou a cabeça de Sansão, que acabou preso e teve os olhos queimados.

2. Tétis segurou seu filho Aquiles, pelo calcanhar, para mergulhá-lo num rio do Egito cujas águas o tornariam invencível. Tétis queria contrariar um oráculo que dizia que seu filho morreria na Guerra de Troia. Muitos anos depois, no cerco de Troia, uma flecha envenenada atingiu o único ponto que não foi imerso no rio: aquele por onde sua mãe o segurou. Veio daí o termo "calcanhar de aquiles", que significa "ponto fraco".

9

Os vilões

A vida dos super-heróis seria superchata se não existissem os vilões. Já pensou ficar o dia inteiro apenas ajudando velhinhas a atravessar as ruas? Os vilões são mentes muito criativas e totalmente voltadas para o mal. Ei, você aí, que não queria ser super-herói! É, você mesmo, que levantou a mão no comecinho do livro. Encontramos um lugarzinho para você na história. Ponha um óculos fundo de garrafa, despenteie o cabelo e dê uma risada bem cavernosa. Precisamos de um nome assustador, horripilante, que bote medo em todo mundo. Que tal doutor Aritmética?

Inimigo	Herói
Atlas	Astroboy
Caco, o Macaco Louco	As Meninas Superpoderosas
Caveira Vermelha	Capitão América
Coringa, Mulher-Gato e Pinguim	Batman
Dentes de Sabre	Wolverine
Destruidor	Tartarugas Ninjas
Doutor Destino	Quarteto Fantástico
Doutor Silvana	Capitão Marvel
Doutor Zero	Fantomas
Duende Verde e Venon	Homem-Aranha
Esqueleto	He-Man
Hordak	She-Ra
Lex Luthor	Super-Homem
Mandarim	Homem de Ferro
Moltar e Zorak	Space Ghost
Mysterons	Capitão Escarlate
Sargento Garcia	Zorro
Síndrome	Os Incríveis
Violador	Spawn

✶ CURIOSIDADES CURIOSAS ✶

E por falar em pinguim...

Não existem pinguins no Polo Norte. Eles vivem todos no Hemisfério Sul. A velocidade de um pinguim é de 37 quilômetros por hora. Existem 16 tipos diferentes de pinguins. Embora sejam aves, os pinguins não sabem voar. Mas são excelentes nadadores. O pinguim-imperador pode mergulhar a 250 metros de profundidade. O pinguim consegue saltar dois metros sobre a água para chegar a um *iceberg*.

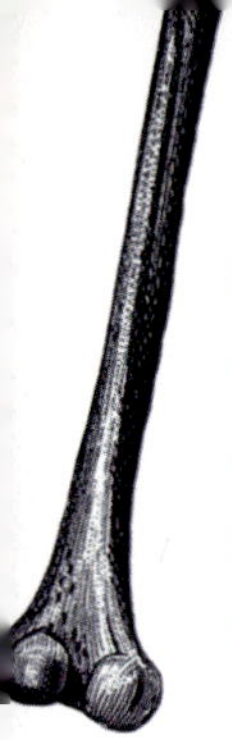

E por falar em esqueleto...

O corpo de um recém-nascido tem trezentos ossos. Em um adulto, esse número diminui para 206. Não, nenhum osso sumiu. Durante o crescimento, alguns ossos se juntam e formam um só.

E por falar em duende...

Duendes são criaturas bagunceiras, que amam festas, músicas e danças. Escolhem crianças como companheiras. Aparecem à noite e somem ao amanhecer. Gostam de despertar quem está dormindo profundamente.

✶ VILÕES X HERÓIS ✶

Três vilões são tão famosos quanto os heróis que os combatem:

1. O Doutor Silvana, cientista inimigo do Capitão Marvel e dono de uma lustrosa careca, quer dominar o mundo. Um de seus projetos é patentear o alfabeto, para impedir que as pessoas se comuniquem. Ele se refere ao Capitão Marvel como o "Grande Queijo Vermelho".

2. Lex Luthor é o homem mais rico de Metrópolis.

3. O Coringa era um criminoso comum até que, sem querer, Batman o empurrou num caldeirão com ácido. O bandido ficou com a pele branca, os cabelos verdes e uma risada fixa no rosto. O personagem foi criado em 1940.

Que cachorrada!

Os Irmãos Metralha foram baseados em cachorros da raça beagle. Por isso nos Estados Unidos são conhecidos como Beagle Boys.

✶ AS IRRESISTÍVEIS SUPERINIMIGAS ✶

Você já reparou como o Homem-Morcego arrasta uma asinha para a Mulher-Gato? Cuidado, garoto, para não cair nessa armadilha! Algumas inimigas jogam todo o seu charme para fisgar o mocinho.

A mais irresistível de todas as vilãs é a Mulher-Gato, cujo nome verdadeiro é Selina Kyle. Existem duas versões para o seu surgimento. Nos quadrinhos, ela era uma prostituta que tinha aprendido técnicas de luta com Ted Grant, o Pantera. No cinema, Selina é uma secretária infeliz. Certo dia, descobre segredos que podem prejudicar o chefe. Para que suas falcatruas não sejam reveladas, o patrão a joga do alto de um prédio. Misteriosamente, Selina é revivida por gatos e volta agressiva e corajosa na pele da Mulher-Gato.

Superinimiga	Herói
Ângela	Spawn
Elektra Nachios	Demolidor
Encanto	Thor
Lady Rawhide	Zorro
Maligna	He-Man
Princesa Aura	Flash Gordon
P'Gell	Spirit

10

Os heróis brasileiros

Já deu para perceber que, depois de ter resolvido se transformar em super-herói, você anda prestando mais atenção nas aulas de inglês. Está achando que só existem super-heróis norte-americanos, é isso? Pode continuar estudando inglês, mas é bom você saber que o Brasil também já criou os seus.

✶ CAPITÃO SETE ✶

Foi o primeiro super-herói brasileiro. Pergunte a seu pai. Ele surgiu no começo dos anos 1960 e era vivido na TV por um ator chamado Aires Campos. Algum tempo depois, virou história em quadrinhos. Capitão Sete, quase uma cópia do Super-Homem, era a identidade secreta de Carlinhos, um menino que foi levado para o Sétimo Planeta. Lá, desenvolveu habilidades como sua superforça, capacidade de voar e uma inteligência extraordinária. Seu nome era Capitão Sete (e foi levado para o Sétimo Planeta) porque a série era exibida na TV Record, canal 7, em São Paulo.

✶ RAIO NEGRO ✶

É o nome de outro herói brasileiro da década de 1960, criado por Gedeone Malagola. Ele surge quando o tenente Roberto Sales, da Força Aérea Brasileira, recebe um anel de luz negra de um alienígena do planeta Saturno. O nome do extraterrestre era Lid. O anel dá superforça, supervelocidade e capacidade de voar.

Você sabia que... ... em apenas um segundo, cem raios iluminam o céu nas diferentes regiões do planeta? Num dia, portanto, serão mais de 8 milhões de raios. O brilho de um raio dura, em média, meio segundo.

✶ VIGILANTE RODOVIÁRIO ✶

Nesse seriado que passou na TV por aqui em 1961 e 1962, o grande herói era um bravo policial, que zelava pela segurança das estradas. Ele estava sempre acompanhado por Lobo, seu fiel cão pastor alemão. O ator Carlos Miranda, que interpretava o Vigilante Rodoviário, gostou tanto do papel que acabou virando policial das estradas de verdade!

✶ GOLDEN GUITAR ✶

Quando o perigo aparecia, um jovem cantor chamado Renato Fortuna se transformava no Golden Guitar. Como o próprio nome já diz, o herói tinha uma arma bastante diferente: uma guitarra dourada. No instrumento havia câmera embutida, gravador, gás lacrimogêneo e mais uma porção de penduricalhos. Com a guitarra dourada, ele enfrentava os bandidos cantando músicas de Roberto e Erasmo Carlos. O personagem foi criado em 1966 por Rivaldo Macedo e desenhado por Benedito Silva e Rubens Cordeiro.

✶ JERÔNIMO ✶

Também era chamado de Herói do Sertão. O personagem, criado em 1957 por Moisés Weltman e desenhado por Edmundo Rodrigues, era um cavaleiro que vivia perseguindo bandidos pelo interior do Brasil. Ele andava acompanhado pelo seu companheiro, Moleque Saci, e por sua amada, Aninha. Dos quadrinhos, Jerônimo também se transformou em personagem de radionovela e depois seriado de TV.

✶ SENNINHA ✶

Antes de surgir o Senninha, o *Shonen Jump*, o mais popular gibi do Japão, já tinha transformado Senna em personagem de história em quadrinhos. Publicaram-se três séries, de 1990 a 1991. O Senninha, herói dos quadrinhos nacionais, só apareceu em 1994. Os desenhos foram criados pela dupla Rogério Martins e Ridaut Dias Júnior.

Almas gêmeas

Alguns heróis que surgiram por aqui eram cópias descaradas de heróis americanos. O Morcego, por exemplo, era uma mistura de Batman com Fantasma. O Bola de Fogo parecia irmão gêmeo do Tocha Humana.

11

É hora de se transformar

Este é o grande momento da vida de qualquer super-herói. Uma mistura de força, coragem e poder toma conta de você. Para que você possa entrar em ação, o ritual precisa ser único.

Sempre que necessário, Dan Moroboshi pode se transformar em Ultra Seven. Para isso, coloca o Ultraolho, um visor especial que lhe dá energia.

Os Cavaleiros do Zodíaco invocam sua constelação protetora.

O que é constelação?

Constelação é um grupo de estrelas no céu. São 88 no total. A maior delas chama-se Hidra Fêmea. A menor é a Cruzeiro do Sul. As constelações são divididas em austrais (Hemisfério Sul), boreais (Hemisfério Norte) e zodiacais (faixa que acompanha o equador celeste).

A turma do Power Rangers usa medalhões para morfar. Cada um invoca a força de um dinossauro: Jason (vermelho; tiranossauro), Zack (preto; mastodonte), Trini (amarelo; tigre dentes de sabre), Billy (azul; tricerátopes), Kimberly (rosa; pterodátilo) e Tommy (verde; dragão). Mais tarde, Jason, Trini e Zack foram substituídos por Rocky, Adam e Aisha. O Ranger Verde trocou de uniforme e ficou branco.

✶ ENQUANTO ISSO NA PRÉ-HISTÓRIA... ✶

Tiranossauro rex

Viveu no Período Cretáceo (por volta de 144,66 milhões de anos atrás). Foi um dos últimos dinossauros a desaparecer da Terra há 65 milhões de anos. Pesava oito toneladas, tinha 12 metros de comprimento e seis metros de altura. Sua boca possuía cinquenta dentes afiadíssimos de até vinte centímetros.

Tigre dentes de sabre

Viveu há 11 milhões de anos. Seus longos dentes caninos mediam 15 centímetros e podiam ser comparados a duas espadas. Ficavam para fora quando o bicho fechava a boca. Só conseguia caçar animais grandes e lerdos. Quando os bichos foram se tornando mais velozes, o tigre dentes de sabre perdeu sua fonte de alimentação e desapareceu.

Mastodonte

Lembra um elefante. Foi contemporâneo do tigre dentes de sabre. Era, por sinal, uma de suas principais presas. Alimentava-se de plantas, folhas e frutas.

Tricerátopes

Também é do Período Cretáceo. Era do tamanho de um elefante (pesava cerca de seis toneladas), mas parecia mais um rinoceronte. Media dez metros de comprimento e só comia plantas.

Pterodátilo

Réptil voador que viveu de 140 a 66 milhões de anos atrás. Foi o primeiro animal a voar depois dos insetos. Suas asas, com sete metros de envergadura, lembram as asas-deltas de hoje em dia.

12

Vá procurar a sua turma

Agora que você já é um super-herói, prepare-se, pois será convidado para todas as festas da Liga da Justiça. Todos os maiores mocinhos do universo estarão por lá, ao lado de seus inseparáveis companheiros. Para não cometer nenhum gafe, é bom ir decorando o nome dessa turminha.

- A Caverna do Dragão: Hank, Eric, Presto, Sheila, Diana, Bobby e Uni.

- Capitão Planeta: Capitão Planeta, Gaia, Wheeler, Ma-Ti, Gi, Kwame e Linka.

- Changemen: Tsuruji (Change Dragon), Hayate (Change Grifon), Ozora (Change Pegasus), Sayaka (Change Mermaid) e Mai (Change Fênix).

- Esquadrão Marte: Vinnie, Brad e Todd.

- Galaxy Trio: Homem-Vapor, Homem-Meteoro e Mulher-Flutuadora.

- Josie e as Gatinhas: Josie, Melody e Valerie.

- Ursuat: Trombada, Esperto e Tampinha.

- Mightor: Sheera (filha de Pondo, chefe da tribo), Rok (irmão de Sheera), Tog (dinossauro de Mightor) e Ork (pássaro de Rok).

- Os Herculoides: Zandor, Zara, Dorno, Thundro, Glup e Glip, Zok e Igoo.

- Os Impossíveis: Coil (Homem-Mola), Homem-Fluido e Multi-Homem.

- Quarteto Fantástico: Senhor Fantástico (Reed Richards), Tocha Humana (Johnny Storm), Mulher Invisível (Sue Storm) e Coisa (Ben Grimm).

- Space Ghost: Jan, Jace e o macaquinho Blip.

- Super Dínamo: o macaquinho Bobby (Super Dínamo 2), a garota Parko (Super Dínamo 3), Parian (outro menino, Super Dínamo 4) e um bebezinho, o Super Dínamo 5.

- Swat Cats: Razor e T-Bone.

- Thundercats: Lion, Cheetara, Tygra, Panthro, Wilykit, Wilykat e Snarf.

- Winspector: Fire, Biker e Highter.

Atenção!
No caso das Tartarugas Ninjas, o mais importante não é saber apenas seus nomes. Elas são exatamente iguais. A única maneira de diferenciá-las é pela cor das máscaras que usam: azul (Leonardo), laranja (Michelangelo), roxa (Donatello) e vermelha (Rafael).

Tartaruga come pizza?

O jabuti – a tartaruga terrestre – come o que aparece pela frente, inclusive pizza. Mas se ele só comesse pizza o tempo todo, como fazem as Tartarugas Ninjas, seu regime alimentar estaria incompleto. Os jabutis apreciam frutas, carnes e verduras.

Ah, você não sabe o que é a Liga da Justiça?
Em 1960, a DC Comics imaginava uma maneira de vender mais gibis. Então reuniu seus principais personagens na Liga da Justiça da América. Ela era formada por Aquaman, Mulher-Maravilha, The Flash, Lanterna Verde, Ajax, Super-Homem e

Batman. O grupo acabou conhecido como Superamigos. Para criar a Liga, a DC Comics se inspirou nos quadrinhos da Sociedade da Justiça da América, publicados pela primeira vez em 1940. Após a Segunda Guerra, essa Sociedade voltou a se reunir, até 1951. Reapareceu em 1963, para lutar ao lado da Liga da Justiça. Atualmente, a Liga é formada pela Mulher-Maravilha, Maxima, Gladiador, Guy Gardner, Gelo, Besouro Azul, Fogo, Ray, Blood Wind e Capitão Átomo.

E tem mais...

Existem ainda outros dois grupos que reúnem super-heróis. Os Vingadores é uma equipe organizada e conta com Thor, Feiticeira Escarlate, Homem de Ferro e Capitão América. Os Defensores só se encontram esporadicamente. Tudo começou com o pedido de ajuda feito por Stephen Strange (o Doutor Estranho, mago supremo da Terra) a Namor e Hulk para enfrentar o inimigo Yandroth. Depois outros heróis se juntaram aos membros fundadores: Valkíria, Gavião Noturno, Daemon Hellstrom, Felina e Surfista Prateado.

PARABÉNS!

Você passou no teste. Agora é um super-herói de verdade. Basta esperar um chamado e entrar em ação. Enquanto existirem pessoas como você, nosso planeta estará em boas mãos. Vale lembrar a frase que o Capitão Marvel dizia ao final de todas as suas aventuras: "Não importa onde o mal apareça, o Capitão Marvel lutará até a vitória!".

✶ REFERÊNCIAS BIBLIOGRÁFICAS ✶

Livros

BROOKS, Tim e MARSH, Earle. *The complete directory to prime time network and cable TV shows.* Nova York: Ballantine Books, 1995.

GODIN, Seth. *The encyclopedia of fictional people.* Nova York: Boulevard Books, 1996.

LEVINE, Michael. *The kid's address book.* Nova York: Perigee Book, 1994.

MARTORELLI, Sergio e GONÇALVES, Sylvio. *Santa pergunta, Homem-Morcego!* Rio de Janeiro: Editora 34, 1994.

MOYA, Álvaro de. *História da história em quadrinhos.* Porto Alegre: L&PM, 1986.

WOLLARD, Kathy. *How come?* Nova York: Workman Publishing, 1993.

Revistas

Herói Gold (Editora Nova Sampa/Acme); *Superinteressante* (Abril); *Veja* (Abril); *Vilões* (Editora Nova Safira); *Revista dos Curiosos* (Europa).

Jornais

Folha de S.Paulo; *Gazeta Mercantil*; *Jornal da Tarde*; *Jornal do Brasil*; *O Estado de S. Paulo*; *O Globo.*

Manuais

Manual do Gérson (Evolução Editorial, 1995); *Manual da Maga & Min* (Abril, 1973); *Manual do Mickey* (Abril, 1973); *Manual do super-herói* (Ideia Editorial, 1975); *Mickey sabe por quê* (Abril Jovem).

Sites

www.cartoonnetwork.com.br